EASY RAMEN

Lelia Castello
Fotos: Virginie Rol

EASY RAMEN

Lelia Castello
Fotos: Virginie Rol

Unfassbar lecker:
Japanische Nudelsuppen
mit Fleisch, Fisch und Gemüse

riva

INHALT

DIE ZUTATEN

AUFBEWAHRUNG

Die Brühe kann bis zu 3 Monaten eingefroren werden. Gekochte Nudeln halten sich im Kühlschrank etwa 3 Tage.

WICHTIGE UTENSILIEN

Topf
Küchenmesser
Schneidebrett
Essstäbchen

Ramen-TUTORIAL

IN 5 SCHRITTEN

Die Nudeln garen

1

2

Die Brühe kochen

Die Einlagen zubereiten

3

4

In Schalen anrichten

Die Stäbchen schnappen und genießen

5

BUT FIRST,
RAMEN
ラーメン店

Glasierter Schweinebauch

FÜR 4 PERSONEN
VORBEREITUNG 20 MIN
GARZEIT 2 STD 20

300 g asiatische Eiernudeln
2 EL salzige Sojasauce
2 EL süße Sojasauce
1 EL Sesamöl
1 EL Misopaste
1 Schalotte, gehackt
2 cm Ingwer, gerieben
1,3 l Hühnerbrühe (Instant)
400 g Schweinebauch
10 g Puderzucker
10 g Salz
2 kleine Köpfe Pak Choi
2 Frühlingszwiebeln, in Röllchen
10 Stängel Koriander, gehackt
Sriracha-Sauce

1 DIE NUDELN GAREN

Reichlich Wasser in einem Topf erhitzen und die Nudeln darin nach Packungsangabe garen. Abgießen und auf 4 Schalen verteilen.

2 DIE BRÜHE KOCHEN

Sojasaucen, Sesamöl und Misopaste in einen Topf geben. Schalotte und Ingwer hinzufügen und 1 Minute dünsten. Die Brühe zugießen, aufkochen, zudecken und bei mittlerer Hitze 10 Minuten kochen.

3 DIE EINLAGEN ZUBEREITEN

Den Backofen auf 180 °C vorheizen. Mit einem Messer ein Gittermuster in die Schwarte des Fleisches ritzen. Zucker und Salz mischen und das Fleisch damit bestreuen. Mit der Fettseite nach unten auf ein Backblech legen und 1 Stunde backen.
Die Temperatur auf 200 °C erhöhen, das Fleisch wenden und 1 Stunde backen. Danach in dünne Scheiben schneiden.
Wasser in einem Topf aufkochen, Pak Choi längs halbieren und 5 Minuten blanchieren. Abgießen und beiseite stellen.

4 IN SCHALEN ANRICHTEN

Pak Choi, Brühe und Schweinefleisch auf die Schalen verteilen. Mit Koriander und Frühlingszwiebeln garnieren.

5 DIE STÄBCHEN SCHNAPPEN UND GENIESSEN

Das Fleisch nach Geschmack mit Sriracha-Sauce beträufeln.

Knuspriger Speck

FÜR 4 PERSONEN
VORBEREITUNG 20 MIN
GARZEIT 20 MIN

300 g asiatische Eiernudeln für Ramen

2 EL salzige Sojasauce

2 EL süße Sojasauce

2 EL Sesamöl

3 Knoblauchzehen, zerdrückt

3 Frühlingszwiebeln, in Röllchen

2 cm Ingwer, gerieben

10 Scheiben Bacon, quer in Streifen geschnitten

4 Eier

4 Handvoll junger Blattspinat

1,3 l Hühnerbrühe (Instant)

2 EL heller Sesam

1 **DIE NUDELN GAREN**

Reichlich Wasser in einem Topf erhitzen und die Nudeln darin nach Packungsangabe garen. Abgießen und auf 4 Schalen verteilen.

2 **DIE BRÜHE KOCHEN**

Die Sojasaucen und 1 EL Sesamöl in einen Topf geben. Den Knoblauch, die Hälfte der Frühlingszwiebeln und den Ingwer dazugeben und 1 Minute dünsten. Die Brühe zugießen, aufkochen, zudecken und bei mittlerer Hitze 10 Minuten kochen.

3 **DIE EINLAGEN ZUBEREITEN**

Den Speck in einer heißen Pfanne knusprig braten. Auf Küchenpapier beiseite stellen. Das restliche Sesamöl in dieselbe Pfanne geben und die 4 Eier darin braten.

4 **IN SCHALEN ANRICHTEN**

Spinat, Brühe, Speck und Ei auf die Schalen verteilen. Mit den restlichen Zwiebeln und dem Sesam bestreuen.

5 **DIE STÄBCHEN SCHNAPPEN UND GENIESSEN**

Mariniertes Rindfleisch und Brokkoli

FÜR 4 PERSONEN

VORBEREITUNG 1 STD 20

GARZEIT 20 MIN

300 g Soba (Buchweizennudeln)

2 EL salzige Sojasauce

3 Knoblauchzehen, zerdrückt

4 cm Ingwer, gerieben

1 Schalotte, gehackt

1 EL Ponzu (japanische Würzsauce)

6 EL Rapsöl

4 EL Sesamöl

2 EL Honig

1 Prise rote Chiliflocken

200 g Rinderfilet

1 kleiner Brokkoli, in Röschen zerteilt

1,5 l Rinderbrühe (Instant)

4 Stängel Koriander, gehackt

3 Frühlingszwiebeln, in Röllchen

1 EL Sesam

1 DIE NUDELN GAREN

Reichlich Wasser in einem Topf erhitzen und die Nudeln darin nach Packungsangabe garen. Abgießen und auf 4 Schalen verteilen.

2 DIE BRÜHE KOCHEN

Sojasauce, die Hälfte des Ingwers und des Knoblauchs sowie die Schalotte in einen Topf geben und 1 Minute dünsten. Die Brühe zugießen, aufkochen, zudecken und bei mittlerer Hitze 10 Minuten kochen.

3 DIE EINLAGEN ZUBEREITEN

In einer Schüssel Ponzu, Rapsöl, Sesamöl, den restlichen Ingwer und Knoblauch, Honig und Chili verrühren. Das Rinderfilet (am Stück) hineinlegen und 1 Stunde im Kühlschrank marinieren.
Die Brokkoliröschen in einem Topf mit kochendem Salzwasser 5 Minuten garen. Abtropfen lassen und beiseite stellen.
Das Fleisch in einer heißen Pfanne von jeder Seite 3 Minuten braten. In dünne Scheiben schneiden.

4 IN SCHALEN ANRICHTEN

Brokkoli, Brühe und Fleisch auf die Schalen verteilen. Mit Koriander, Frühlingszwiebeln und Sesam garnieren.

5 DIE STÄBCHEN SCHNAPPEN UND GENIESSEN

Tan-Tan Ramen*

FÜR 4 PERSONEN

VORBEREITUNG 20 MIN

GARZEIT 20 MIN

300 g Reisbandnudeln
2 EL salzige Sojasauce
1 EL Hoisin-Sauce
1 EL Honig
1 EL Reisessig
2 EL Tahini
1,5 l Hühnerbrühe (Instant)
50 ml Sesamöl
4 Knoblauchzehen, zerdrückt
1 TL rote Chiliflocken
300 g Schweinehackfleisch
4 Prisen Pfeffer
200 g Champignons, gehackt
3 Frühlingszwiebeln, in Röllchen
12 Baby-Maiskolben, in Scheiben geschnitten oder längs halbiert

1 DIE NUDELN GAREN

Reichlich Wasser in einem Topf erhitzen und die Nudeln darin nach Packungsangabe garen. Abgießen und auf 4 Schalen verteilen.

2 DIE BRÜHE KOCHEN

In einer Schüssel Soja- und Hoisin-Sauce, Honig, Reisessig, 1 EL Tahini und 100 ml Wasser verrühren. Die Hälfte dieser Sauce in einen Topf geben und 1 Minute erhitzen. Die Brühe zugießen, aufkochen, zudecken und bei mittlerer Hitze 10 Minuten kochen.

3 DIE EINLAGEN ZUBEREITEN

1 EL Sesamöl in eine Pfanne geben. Knoblauch und Chili 3 Minuten unter gelegentlichem Rühren anbraten, dann beiseite stellen.
In dieselbe Pfanne das verbliebene Sesamöl und das Schweinefleisch geben und mit Pfeffer würzen. 5 Minuten anbraten. Die Pilze und die Hälfte der Frühlingszwiebeln hinzufügen und weitere 3 Minuten braten. Schließlich das restliche Tahini und die restliche Brühemischung hinzugeben und 5 Minuten kochen. Am Ende der Garzeit das Chiliöl unterrühren.

4 IN SCHALEN ANRICHTEN

Fleisch und Pilze, Brühe, Maiskolben und Frühlingszwiebeln auf die Schalen verteilen.

5 DIE STÄBCHEN SCHNAPPEN UND GENIESSEN

***Pikantes Schweinehackfleisch**

Paniertes Hähnchen

FÜR 4 PERSONEN

VORBEREITUNG 20 MIN

GARZEIT 20 MIN

300 g asiatische Eiernudeln

2 EL salzige Sojasauce

1 EL Misopaste

3 Knoblauchzehen, zerdrückt

2 cm Ingwer, gerieben

1,1 l Hühnerbrühe (Instant)

4 Hähnchenbrustfilets

100 g Mehl

100 g Panko (japanisches Paniermehl)

4 Eier

6 EL Öl zum Braten

4 Handvoll junger Blattspinat

2 Noriblätter, in Streifen geschnitten

3 Frühlingszwiebeln, in Röllchen

1 DIE NUDELN GAREN

Reichlich Wasser in einem Topf erhitzen und die Nudeln darin nach Packungsangabe garen. Abgießen und auf 4 Schalen verteilen.

2 DIE BRÜHE KOCHEN

Sojasauce, Misopaste, Knoblauch und Ingwer in einen Topf geben und 1 Minute erhitzen. Die Brühe zugießen, aufkochen, zudecken und bei mittlerer Hitze 10 Minuten kochen.

3 DIE EINLAGEN ZUBEREITEN

Mehl, Panko und verquirlte Eier separat in 3 tiefe Teller geben. Das Fleisch zuerst in Ei wenden, dann in Mehl wälzen. Wieder in Ei, danach in Panko wenden. Das Öl in eine Pfanne geben und die Filets 8 Minuten unter regelmäßigem Wenden darin braten. In Scheiben schneiden, dann auf Küchenpapier beiseite stellen.

4 IN SCHALEN ANRICHTEN

Spinat, Brühe, Noristreifen und Fleisch auf die Schalen verteilen und mit Frühlingszwiebeln bestreuen.

5 DIE STÄBCHEN SCHNAPPEN UND GENIESSEN

Ramen

Nomen, Plural, Femininum

Als Ramen bezeichnet man ein typisch japanisches Gericht, das auf einem chinesischen Rezept basiert. Es besteht aus Nudeln, die mit Brühe übergossen und mit Fleisch, Fisch oder Gemüse ergänzt werden. Bei der Auswahl der Toppings sind der Fantasie keine Grenzen gesetzt. Ramen werden mit Stäbchen und einem Löffel gegessen – Schlürfen ist ausdrücklich erlaubt.

Glasierte Entenbrust

FÜR 4 PERSONEN

VORBEREITUNG 1 STD 20

GARZEIT 20 MIN

300 g asiatische Eiernudeln

2 EL salzige Sojasauce

2 Knoblauchzehen, zerdrückt

4 cm Ingwer, gerieben

1,5 l Hühnerbrühe (Instant)

2 EL süße Sojasauce

2 EL Honig

1 TL gemahlener Koriander

1 TL Speisestärke

2 TL Reisessig

Saft von 1 Limette

2 Karotten, in Stifte geschnitten

1 Entenbrust

2 EL Sonnenblumenöl

3 Frühlingszwiebeln, in Röllchen

1 DIE NUDELN GAREN

Reichlich Wasser in einem Topf erhitzen und die Nudeln darin nach Packungsangabe garen. Abgießen und auf 4 Schalen verteilen.

2 DIE BRÜHE KOCHEN

Salzige Sojasauce, den Knoblauch und die Hälfte des Ingwers in einen Topf geben und 1 Minute erhitzen. Die Brühe zugießen, aufkochen, zudecken und bei mittlerer Hitze 10 Minuten kochen.

3 DIE EINLAGEN ZUBEREITEN

Den Backofen auf 180 °C Umluft vorheizen. In einer Schüssel die süße Sojasauce, den restlichen Ingwer, Honig, Koriander, Speisestärke, Reisessig und den Limettensaft verrühren.
Das Fett der Entenbrust rautenförmig einritzen, mit der Ingwer-Honig-Mischung bestreichen und 1 Stunde an einem kühlen Ort marinieren.
Die Karotten in einem Topf mit kochendem Wasser 5 Minuten garen. Abtropfen lassen und beiseite stellen. Das Fleisch in einer heißen Pfanne mit dem Öl auf der Hautseite 6 Minuten braten, dann wenden und die andere Seite 5 Minuten braten. Die Entenbrust mit der Hautseite nach oben 5 Minuten im Ofen backen. Herausnehmen und in dünne Scheiben schneiden.

4 IN SCHALEN ANRICHTEN

Karotten, Brühe, Entenbrust und Frühlingszwiebeln auf die Schalen verteilen.

5 DIE STÄBCHEN SCHNAPPEN UND GENIESSEN

Hähnchenbrust, Spinat und Pilze

FÜR 4 PERSONEN

VORBEREITUNG 20 MIN

GARZEIT 30 MIN

300 g asiatische Eiernudeln für Ramen

6 EL salzige Sojasauce

2 cm Ingwer, gerieben

1 EL Misopaste

1,3 l Hühnerbrühe (Instant)

125 g TK-Blattspinat

2 EL Sesamöl

2 EL Reisessig

2 EL Honig

2 Knoblauchzehen, zerdrückt

4 Hähnchenbrustfilets

150 g Enoki-Pilze

4 Stängel Koriander, gehackt

1 Handvoll geröstete Cashewkerne ohne Salz

1 DIE NUDELN GAREN

Reichlich Wasser in einem Topf erhitzen und die Nudeln darin nach Packungsangabe garen. Abgießen und auf 4 Schalen verteilen.

2 DIE BRÜHE KOCHEN

4 EL Sojasauce, Ingwer und Misopaste in einen Topf geben und 1 Minute erhitzen. Brühe und Spinat zufügen, aufkochen, zudecken und bei mittlerer Hitze 10 Minuten kochen.

3 DIE EINLAGEN ZUBEREITEN

Den Backofen auf 180 °C vorheizen. In einer Schüssel Sesamöl, Reisessig, die restliche Sojasauce, Honig und Knoblauch verrühren. Die Hähnchenbrustfilets mit dieser Mischung bestreichen und 20 Minuten im Ofen garen. Herausnehmen und in Scheiben schneiden.

4 IN SCHALEN ANRICHTEN

Pilze, Brühe, Fleisch, Koriander und Cashews auf die Servierschalen verteilen.

5 DIE STÄBCHEN SCHNAPPEN UND GENIESSEN

Hähnchenspieße Yakitori

FÜR 4 PERSONEN

VORBEREITUNG 20 MIN

GARZEIT 20 MIN

300 g asiatische Eiernudeln
7 EL salzige Sojasauce
2 cm Ingwer, gerieben
2 EL Tomatenmark
1 EL Misopaste
1,3 l Hühnerbrühe (Instant)
1 Zimtstange
2 Sternanise
4 entbeinte Hähnchenschenkel
3 Frühlingszwiebeln
8 Schaschlikspieße
2 EL Zucker
6 EL Mirin
6 EL Sonnenblumenöl
5 Stängel Thai-Basilikum
1 EL Sesamsaat

1 DIE NUDELN GAREN

Reichlich Wasser in einem Topf erhitzen und die Nudeln darin nach Packungsangabe garen. Abgießen und auf 4 Schalen verteilen.

2 DIE BRÜHE KOCHEN

1 EL Sojasauce, Ingwer, Tomatenmark und Misopaste in einen Topf geben und 1 Minute erhitzen. Brühe, Zimtstange und Sternanis zugeben, aufkochen, zudecken und bei mittlerer Hitze 10 Minuten kochen.

3 DIE EINLAGEN ZUBEREITEN

Das Fleisch in 2 cm große Stücke schneiden. Die Zwiebeln in 4 cm lange Stücke schneiden. Abwechselnd Hähnchen und Zwiebeln auf die Spieße stecken.
In einem Topf die restliche Sojasauce mit Zucker und Mirin verrühren. Unter Rühren 5 Minuten aufkochen, dann abkühlen lassen.
Die Spieße mit dem Öl bestreichen und in einer Pfanne 3 Minuten bei starker Hitze braten.
Mit der Mirinsauce übergießen.

4 IN SCHALEN ANRICHTEN

In jede Schüssel Brühe und 2 Spieße geben. Mit Thai-Basilikum und Sesam anrichten.

5 DIE STÄBCHEN SCHNAPPEN UND GENIESSEN

KATSUOBUSHI (BONITOFLOCKEN)
getrockneter Thunfisch
CHASHU (SCHWEIN)
gerollter Schweinebauch in Scheiben
NARUTOMAKI
Fischsurimi
CHASHU (HÄHNCHEN)
Hähnchenbrustfilet in Scheiben
Toppings
MENMA
getrocknete, fermentierte Bambussprossen
NORI
Algenblätter
SHIITAKE
asiatische Pilzart
TAMAGO
gekochtes mariniertes Ei
NIKU SOBORO
Hackfleisch (Schwein, Rind oder Geflügel)

Die Formen der Schalen

Hira Tayoudon

Ohgigatadon

Marukoudaidon

Menbachi

Koudaidon

Tamadon

Tayoudon

Fischklößchen und Ingwer

FÜR 4 PERSONEN
VORBEREITUNG 20 MIN
GARZEIT 25 MIN

300 g Reisnudeln
2 EL Nuoc-mâm (Fischsauce)
4 cm Ingwer, gerieben
900 ml Gemüsebrühe (Instant)
400 ml Kokosmilch
2 Stängel Zitronengras
250 g Kabeljaufilets
1 Ei
2 EL Panko (japanisches Paniermehl)
10 Stängel Koriander
Saft von 1 Zitrone
4 EL Sonnenblumenöl
1 kleine Mango

1 DIE NUDELN GAREN

Reichlich Wasser in einem Topf erhitzen und die Nudeln darin nach Packungsangabe garen. Abgießen und auf 4 Schalen verteilen.

2 DIE BRÜHE KOCHEN

Nuoc-mâm, die Hälfte des Ingwers, Brühe, Kokosmilch und Zitronengras in einen Topf geben, aufkochen, zudecken und bei mittlerer Hitze 10 Minuten kochen.

3 DIE EINLAGEN ZUBEREITEN

Kabeljau, Ei, restlichen Ingwer, Panko, 6 Stängel Koriander und Zitronensaft im Mixer zerkleinern, nicht zu glatt pürieren. Zu Bällchen mit etwa 3 cm Durchmesser formen. Das Öl in einer Pfanne erhitzen, die Bällchen darin bei geringer Hitze 15 Minuten braten, dabei regelmäßig wenden. Die Mango schälen und in dünne Scheiben schneiden.

4 IN SCHALEN ANRICHTEN

Brühe, Klöße und Mango auf die Schalen verteilen. Restlichen Koriander hacken und darüberstreuen.

5 DIE STÄBCHEN SCHNAPPEN UND GENIESSEN

Herzmuscheln

FÜR 4 PERSONEN

VORBEREITUNG 40 MIN

GARZEIT 50 MIN

300 g asiatische Eiernudeln für Ramen

2 EL salzige Sojasauce

4 cm Ingwer, gerieben

2 Knoblauchzehen, zerdrückt

1,3 l Gemüsebrühe (Instant)

1,5 kg Herzmuscheln, küchenfertig

5 EL Sesamöl

7 Shiitake, halbiert

5 Grünkohlblätter, gehackt

Saft von 1 Zitrone

2 EL Sesamsaat

50 ml trockener Weißwein

1 EL Nuoc-mâm

1 DIE NUDELN GAREN

Reichlich Wasser in einem Topf erhitzen und die Nudeln darin nach Packungsangabe garen. Abgießen und auf 4 Schalen verteilen.

2 DIE BRÜHE KOCHEN

Sojasauce, die Hälfte des Ingwers und 1 Knoblauchzehe in einen Topf geben und 1 Minute erhitzen. Die Brühe zugießen, aufkochen, zudecken und bei mittlerer Hitze 10 Minuten kochen.

3 DIE EINLAGEN ZUBEREITEN

Die Herzmuscheln in einer großen Schüssel mit reichlich Salzwasser 30 Minuten wässern. 2 EL Sesamöl in einer Pfanne erhitzen. Shiitake und Grünkohl darin 10 Minuten braten. Zitronensaft und die Hälfte des Sesams dazugeben. Beiseite stellen.
Das restliche Sesamöl in einen Topf geben. Den restlichen Knoblauch und Ingwer zufügen. Abgetropfte Herzmuscheln, Weißwein und Nuoc-mâm dazugeben. Gut umrühren und so lange kochen, bis sich alle Muscheln geöffnet haben.

4 IN SCHALEN ANRICHTEN

Muscheln, Brühe und Grünkohl-Shiitake-Mischung in die Schalen verteilen und mit dem restlichen Sesam bestreuen.

5 DIE STÄBCHEN SCHNAPPEN UND GENIESSEN

Glasierter Lachs und Gurke

FÜR 4 PERSONEN

VORBEREITUNG 1 STD 20

GARZEIT 25 MIN

300 g Soba (Buchweizennudeln)

8 EL salzige Sojasauce

4 cm Ingwer, gerieben

3 Knoblauchzehen, zerdrückt

1,3 l Gemüsebrühe (Instant)

1 EL Honig

Saft von 1 Limette

4 Lachssteaks ohne Haut

1 Gurke

3 TL Zucker

2 TL Sesamöl

2 TL Reisessig

1 TL Chiliöl

4 Stängel Koriander

1 EL weiße Sesamsaat

1 DIE NUDELN GAREN

Reichlich Wasser in einem Topf erhitzen und die Nudeln darin nach Packungsangabe garen. Abgießen und auf 4 Schalen verteilen.

2 DIE BRÜHE KOCHEN

2 EL Sojasauce, die Hälfte von Ingwer und Knoblauch in einen Topf geben und 1 Minute anbraten. Die Brühe zugießen, aufkochen, zudecken und bei mittlerer Hitze 10 Minuten kochen.

3 DIE EINLAGEN ZUBEREITEN

Den Backofen auf 180 °C Umluft vorheizen. In einer Schüssel die restliche gesalzene Sojasauce mit Honig, dem restlichen Knoblauch und Ingwer sowie dem Limettensaft verrühren. Die Lachssteaks damit bestreichen und 1 Stunde im Kühlschrank marinieren. Die Lachsteaks auf ein Backblech legen, mit der Marinade übergießen und 10 Minuten im Ofen garen.
In der Zwischenzeit die Gurke mit einem Sparschäler längs in Lamellen schneiden.
Zucker, Sesamöl, Reisessig und Chiliöl in einer Schüssel verrühren. Die Gurkenstreifen hineinlegen und vorsichtig umrühren.

4 IN SCHALEN ANRICHTEN

Brühe, Lachs und Gurke auf die Schalen verteilen. Mit gehacktem Koriander und Sesam bestreuen.

5 DIE STÄBCHEN SCHNAPPEN UND GENIESSEN

Knoblauch-garnelen

FÜR 4 PERSONEN
VORBEREITUNG 1 STD 20
GARZEIT 20 MIN

300 g Udon (dicke jap. Nudeln)

4 EL salzige Sojasauce

3 Knoblauchzehen, zerdrückt

1 EL Misopaste

1,3 l Gemüsebrühe (Instant)

1 kleiner Brokkoli, nur die Röschen

2 Handvoll Edamame

1 Bio-Limette

3 EL Honig

2 EL Sonnenblumenöl

Salz und Pfeffer

24 geschälte, entdarmte Garnelen

8 kleine Schaschlikspieße

4 Stängel Koriander, gehackt

2 Frühlingszwiebeln, in Röllchen

1 Handvoll Cashewkerne

rote Chiliflocken

1 **DIE NUDELN GAREN**

Reichlich Wasser in einem Topf erhitzen und die Nudeln darin nach Packungsangabe garen. Abgießen und auf 4 Schalen verteilen.

2 **DIE BRÜHE KOCHEN**

2 EL Sojasauce, 1 Knoblauchzehe und die Misopaste in einen Topf geben und 1 Minute erhitzen. Brühe, Brokkoli und Edamame hinzufügen, aufkochen, zudecken und bei mittlerer Hitze 10 Minuten kochen.

3 **DIE EINLAGEN ZUBEREITEN**

In einer Schüssel Saft und Schale der Limette, Honig, restlichen Knoblauch, Öl, Salz und Pfeffer verrühren. Die Garnelen mit der Hälfte der Mischung übergießen und 1 Stunde im Kühlschrank marinieren.
Je 3 Garnelen auf jeden Spieß stecken und in einer Pfanne bei starker Hitze von jeder Seite 3 Minuten braten. Während des Bratens mit der Marinade beträufeln.

4 **IN SCHALEN ANRICHTEN**

Brühe und Garnelenspieße auf die Schalen verteilen. Mit Koriander, Frühlingszwiebeln, Cashews und Chiliflocken bestreuen.

5 **DIE STÄBCHEN SCHNAPPEN UND GENIESSEN**

Vor dem Servieren etwas Marinade auf die Garnelen träufeln.

Pochierter Kabeljau, Ingwer, Zitronengras

FÜR 4 PERSONEN

VORBEREITUNG 20 MIN

GARZEIT 20 MIN

300 g asiatische Eiernudeln für Ramen

2 Knoblauchzehen

2 cm Ingwer, gerieben

2 Stängel Zitronengras

2 TL grüne Currypaste

Saft von 1 Limette

300 ml Kokosmilch

900 ml Gemüsebrühe (Instant)

4 Kabeljaurückenfilets

50 g Edamame

100 g Zuckerschoten

2 Karotten, in Stifte geschnitten

2 EL frittierte Zwiebeln (Fertigprodukt)

2 Frühlingszwiebeln, in Röllchen

1. **DIE NUDELN GAREN**

   Reichlich Wasser in einem Topf erhitzen und die Nudeln darin nach Packungsangabe garen. Abgießen und auf 4 Schalen verteilen.

2. **DIE BRÜHE KOCHEN**

   Knoblauch, Ingwer, Zitronengras, Currypaste, Limettensaft, Kokosmilch und Brühe in einen Topf geben. Alles aufkochen, zudecken und bei mittlerer Hitze 10 Minuten köcheln. Den Fisch in die Brühe legen und bei schwacher Hitze 8 Minuten gar ziehen lassen.

3. **DIE EINLAGEN ZUBEREITEN**

   Edamame, Zuckerschoten und Karotten in einem zweiten Topf mit kochendem Wasser 5 Minuten garen. Abtropfen lassen.

4. **IN SCHALEN ANRICHTEN**

   Brühe, Fisch und Gemüse auf die Schalen verteilen. Mit frittierten Zwiebeln und Frühlingszwiebeln garnieren.

5. **DIE STÄBCHEN SCHNAPPEN UND GENIESSEN**

Thunfisch-Tataki und Avocado

FÜR 4 PERSONEN

VORBEREITUNG 1 STD 20

GARZEIT 20 MIN

300 g asiatische Eiernudeln
1 EL Misopaste
4 cm Ingwer, gerieben
7 EL salzige Sojasauce
1,3 l Gemüsebrühe (Instant)
Saft von 2 Limetten
2 EL Sesamöl
400 g Thunfischsteaks
4 EL Sesam (hell und schwarz gemischt)
2 EL Sonnenblumenöl
2 Avocados
2 EL Kürbiskerne
4 Korianderzweige, gehackt

1 DIE NUDELN GAREN

Reichlich Wasser in einem Topf erhitzen und die Nudeln darin nach Packungsangabe garen. Abgießen und auf 4 Schalen verteilen.

2 DIE BRÜHE KOCHEN

Misopaste, die Hälfte des Ingwers und 2 EL Sojasauce in einen Topf geben und 1 Minute erhitzen. Die Brühe zugießen, aufkochen, zudecken und bei mittlerer Hitze 10 Minuten kochen.

3 DIE EINLAGEN ZUBEREITEN

In einer Schüssel die Hälfte des Limettensafts, den Rest Sojasauce, Sesamöl und den restlichen Ingwer verrühren. Den Thunfisch damit übergießen und 1 Stunde im Kühlschrank marinieren.
Den Thunfisch abtropfen lassen, im Sesam wälzen und in einer heißen Pfanne im Öl kurz braten, bis der Fisch nur außen ein wenig gar ist. In 5 mm dicke Scheiben schneiden. Das Fruchtfleisch der Avocados in dünne Scheiben schneiden, mit Zitronensaft beträufeln und beiseite stellen.

4 IN SCHALEN ANRICHTEN

Brühe, Avocado und Thunfisch auf die Schalen verteilen. Mit Kürbiskernen und Koriander bestreuen und mit etwas Limettensaft beträufeln.

5 DIE STÄBCHEN SCHNAPPEN UND GENIESSEN

Gebratener Tintenfisch

FÜR 4 PERSONEN
VORBEREITUNG 20 MIN
GARZEIT 30 MIN

300 g Reisbandnudeln

1 EL Misopaste

2 EL salzige Sojasauce

3 Knoblauchzehen, zerdrückt

1,3 l Gemüsebrühe (Instant)

2 EL Sonnenblumenöl

1 grüne Paprika, in Stifte geschnitten

400 g Tintenfischringe

Salz

2 Prisen rote Chiliflocken

2 Karotten, in Stifte geschnitten

4 Stängel Koriander, gehackt

2 EL frittierte Zwiebeln (Fertigprodukt)

1 **DIE NUDELN GAREN**

Reichlich Wasser in einem Topf erhitzen und die Nudeln darin nach Packungsangabe garen. Abgießen und auf 4 Schalen verteilen.

2 **DIE BRÜHE KOCHEN**

Misopaste, Sojasauce und 2 Knoblauchzehen in einen Topf geben und 1 Minute erhitzen. Brühe zugießen, aufkochen bringen, zudecken und bei mittlerer Hitze 10 Minuten kochen.

3 **DIE EINLAGEN ZUBEREITEN**

Das Sonnenblumenöl in einer Pfanne erhitzen, den restlichen Knoblauch und die Paprika darin anbraten. Nach 7 Minuten den Tintenfisch dazugeben und bei mittlerer Hitze weitere 7 Minuten braten. Salzen und mit Chiliflocken bestreuen.
Die Karotten in einem Topf mit kochendem Wasser 5 Minuten garen. Beiseite stellen.

4 **IN SCHALEN ANRICHTEN**

Brühe, Tintenfisch, Paprika und Karotten auf die Schalen verteilen. Mit Koriander und frittierten Zwiebeln bestreuen.

5 **DIE STÄBCHEN SCHNAPPEN UND GENIESSEN**

Ob aus Fleisch oder Gemüse – eine selbst gekochte Brühe macht den Unterschied!

Schnelle Brühe mit Schweinefleisch

FÜR 4 PERSONEN
VORBEREITUNG 10 MIN
GARZEIT 30 MIN

500 g Schweinshaxe in Scheiben

2 EL Sesamöl

1 Stange Lauch, klein geschnitten

3 cm Ingwer, gerieben

Pfeffer

2 EL Salz

2 EL Mirin

2 EL salzige Sojasauce

1 Noriblatt, klein geschnitten

1. Die Haxe in einem großen Topf im Sesamöl rundum kräftig anbraten, bis sie Farbe angenommen haben.
2. Lauch, Ingwer, Pfeffer und Salz hinzugeben. 3 Minuten unter Rühren braten.
3. Mirin, Sojasauce, 2 l Wasser und Nori dazugeben. Aufkochen und dann bei mittlerer Hitze 30 Minuten köcheln.
4. Durch ein Sieb abgießen, die Brühe auffangen, das Fleisch von den Knochen lösen und anderweitig verwenden.
5. Fertig ist die Brühe!

Gebratener Tofu

FÜR 4 PERSONEN
VORBEREITUNG 20 MIN
GARZEIT 30 MIN

300 g asiatische Eiernudeln
2 EL Tahini
1 EL Misopaste
2 cm Ingwer, gerieben
2 Knoblauchzehen
1,3 l Gemüsebrühe (Instant)
200 g fester Tofu, gewürfelt
3 EL Maisstärke
5 EL Sonnenblumenöl
1 EL süße Sojasauce
1 TL Reisessig
1 EL Sesamöl
1 Schalotte, gehackt
120 g braune Champignons
2 EL Mirin
Salz und Pfeffer
2 EL Sesamsaat
4 Eier
4 Stängel Koriander, gehackt
Saft von 1 Zitrone

1 **DIE NUDELN GAREN**

Reichlich Wasser in einem Topf erhitzen und die Nudeln darin nach Packungsangabe garen. Abgießen und auf 4 Schalen verteilen.

2 **DIE BRÜHE KOCHEN**

Tahini, Misopaste, Ingwer und Knoblauch in einen Topf geben und 1 Minuten erhitzen. Die Brühe zugießen, aufkochen, zudecken und 10 Minuten kochen.

3 **DIE EINLAGEN ZUBEREITEN**

Tofu und Stärke in einer Schüssel gleichmäßig vermengen. 3 EL Sonnenblumenöl in einer Pfanne erhitzen, den Tofu 5 Minuten darin braten, dabei regelmäßig umrühren. Sojasauce, Reisessig und Sesamöl dazugeben, gut umrühren und beiseite stellen.
Das restliche Sonnenblumenöl in einer Pfanne erhitzen und die Schalotte darin 5 Minuten unter ständigem Rühren braten.
Pilze und Mirin hinzufügen, salzen und pfeffern und bei schwacher Hitze 10 Minuten ohne Deckel garen. 1 EL Sesam zugeben, dann beiseite stellen.
Die Eier in einem Topf mit kochendem Salzwasser 6 Minuten wachsweich kochen. In einer Schüssel mit Eiswasser abschrecken, vorsichtig pellen und halbieren.

4 **IN SCHALEN ANRICHTEN**

Brühe, Pilze, Tofu und Eier auf die Schalen verteilen. Mit Koriander und Sesam bestreuen und mit Zitronensaft beträufeln.

5 **DIE STÄBCHEN SCHNAPPEN UND GENIESSEN**

Auberginen mit Erdnussmus

FÜR 4 PERSONEN

VORBEREITUNG 20 MIN

GARZEIT 30 MIN

300 g asiatische Eiernudeln für Ramen

2 EL Erdnussmus

5 EL salzige Sojasauce

2 EL Agavendicksaft

4 Knoblauchzehen, zerdrückt

1,3 l Gemüsebrühe (Instant)

5 EL Sonnenblumenöl

1 Aubergine, gewürfelt

2 cm Ingwer, gerieben

2 EL Mirin

2 EL Nuoc-mâm

2 EL Sesamöl

2 TL Zucker

2 kleine Köpfe Pak Choi, längs halbiert

1 Handvoll Erdnusskerne

4 Stängel Koriander, gehackt

Saft von 1 Limette

1 DIE NUDELN GAREN

Reichlich Wasser in einem Topf erhitzen und die Nudeln darin nach Packungsangabe garen. Abgießen und auf 4 Schalen verteilen.

2 DIE BRÜHE KOCHEN

Erdnussmus, 2 EL Sojasauce, Agavendicksaft und 2 Knoblauchzehen in einen Topf geben und 1 Minute erhitzen. Die Brühe zugießen, aufkochen, zudecken und bei mittlerer Hitze 10 Minuten kochen.

3 DIE EINLAGEN ZUBEREITEN

Das Sonnenblumenöl in einer Pfanne erhitzen. Auberginenwürfel, restlichen Knoblauch und den Ingwer 5 Minuten unter regelmäßigem Rühren anbraten. Restliche Sojasauce, Mirin, Nuoc-mâm und Sesamöl dazugeben. 15 Minuten unter ständigem Rühren garen. Den Zucker hinzufügen und weitere 10 Minuten garen.
Wasser in einem Topf zum Kochen bringen und den Kohl 5 Minuten blanchieren. Abtropfen lassen und beiseite stellen.

4 IN SCHALEN ANRICHTEN

Brühe, Aubergine und Pak Choi auf die Schalen verteilen. Mit Erdnüssen und Koriander bestreuen und mit Limettensaft beträufeln.

5 DIE STÄBCHEN SCHNAPPEN UND GENIESSEN

Gebratene Gyozas

FÜR 4 PERSONEN

VORBEREITUNG 20 MIN

GARZEIT 20 MIN

150 g asiatische Eiernudeln für Ramen

2 EL salzige Sojasauce

2 Knoblauchzehen

2 cm Ingwer, gerieben

4 Frühlingszwiebeln, in Ringen

1,3 l Gemüsebrühe (Instant)

2 EL Sonnenblumenöl

12 Gemüse-Gyozas

2 Karotten, in Stifte geschnitten

4 Handvoll junger Blattspinat

1 EL Sesamsaat

1. **DIE NUDELN GAREN**

   Reichlich Wasser in einem Topf erhitzen und die Nudeln darin nach Packungsangabe garen. Abgießen und auf 4 Schalen verteilen.

2. **DIE BRÜHE KOCHEN**

   Sojasauce, Knoblauch, Ingwer und die Hälfte der Frühlingszwiebeln in einem Topf 1 Minute erhitzen. Die Brühe zugießen, aufkochen, zudecken und bei mittlerer Hitze 10 Minuten kochen.

3. **DIE EINLAGEN ZUBEREITEN**

   Das Öl in einer Pfanne erhitzen und die Gyozas darin braten.
   Die Karotten in einem Topf mit kochendem Wasser 5 Minuten garen.

4. **IN SCHALEN ANRICHTEN**

   Spinat, Brühe, Karotten und Gyozas auf die Schalen verteilen. Mit Sesam und den restlichen Frühlingszwiebeln garnieren.

5. **DIE STÄBCHEN SCHNAPPEN UND GENIESSEN**

WISSENSWERTES

Ramen, die in Japan sehr beliebt sind, stammen ursprünglich aus **China.**

•

Durch geräuschvolles **Schlürfen** tun die Essenden kund, dass es ihnen gut schmeckt.

•

Es gibt so viele Ramen-Rezepte wie **Dörfer in Japan.**

•

Ramen sind in Japan so beliebt, dass ihnen sogar ein **eigenes Museum** gewidmet ist.

•

Der Löffel für Ramen wird auf Japanisch **Chirirenge** genannt, was übersetzt so viel bedeutet wie »das abgefallene Blütenblatt einer Lotusblüte«.

SRIRACHA
SAUCE HOISIN
鮮
VINAIGRE
DE RIZ
SAUCE
D' HUÎTRE
ごま油
HUILE
DE SÉSAME
中
Sauce Soja
Miso
無添加

Pilze und Ei

FÜR 4 PERSONEN
VORBEREITUNG 20 MIN
GARZEIT 20 MIN

300 g Udon (dicke jap. Nudeln)

3 EL salzige Sojasauce

1,3 l Gemüsebrühe (Instant)

2 EL Sonnenblumenöl

100 g Austernpilze oder Pfifferlinge, klein geschnitten

100 g Shiitake, halbiert

50 g Champignons, geviertelt

2 Knoblauchzehen, zerdrückt

Salz und Pfeffer

½ Bund Schnittlauch, in Röllchen

200 g fester Tofu, in dünne Scheiben geschnitten

2 EL Sesamöl

1 TL Paprikapulver

2 Eier

50 g Enoki-Pilze

1 DIE NUDELN GAREN

Reichlich Wasser in einem Topf erhitzen und die Nudeln darin nach Packungsangabe garen. Abgießen und auf 4 Schalen verteilen.

2 DIE BRÜHE KOCHEN

Sojasauce und Brühe in einen Topf geben, aufkochen, zudecken und bei mittlerer Hitze 10 Minuten kochen.

3 DIE EINLAGEN ZUBEREITEN

Das Sonnenblumenöl in einer Pfanne erhitzen, Austernpilze, Shiitake, Champignons und Knoblauch dazugeben und mit Salz und Pfeffer würzen. 15 Minuten unter regelmäßigem Rühren anbraten. Die Hälfte des Schnittlauchs untermischen, dann beiseite stellen.
Den Tofu mit Sesamöl, Paprikapulver und Pfeffer mischen, dann 5 Minuten in einer Pfanne braten.
Die Eier in einem Topf mit kochendem Salzwasser 6 Minuten wachsweich kochen. In einer Schüssel mit Eiswasser abschrecken. Vorsichtig pellen und halbieren.

4 IN SCHALEN ANRICHTEN

Brühe, Tofu, Pilze (auch Enoki) und Eier auf die Schalen verteilen. Mit dem restlichen Schnittlauch bestreuen.

5 DIE STÄBCHEN SCHNAPPEN UND GENIESSEN

Süß-kartoffel

FÜR 4 PERSONEN
VORBEREITUNG 25 MIN
GARZEIT 55 MIN

300 g asiatische Eiernudeln für Ramen
1 Süßkartoffel, geschält
4 EL salzige Sojasauce
1 EL Misopaste
1,3 l Gemüsebrühe (Instant)
2 EL Honig
4 EL Sonnenblumenöl
2 Knoblauchzehen, zerdrückt
12 Shiitake
4 Eier
4 Stängel Koriander, gehackt

1 **DIE NUDELN GAREN**

Reichlich Wasser in einem Topf erhitzen und die Nudeln darin nach Packungsangabe garen. Abgießen und auf 4 Schalen verteilen.

2 **DIE BRÜHE KOCHEN**

Die Hälfte der Süßkartoffel in kleine Würfel schneiden, dann mit 2 EL Sojasauce und der Misopaste in die Brühe geben. Aufkochen und 20 Minuten kochen lassen, bis die Süßkartoffel sehr weich ist. In einem Mixer glatt pürieren. Wieder auf den Herd stellen, aufkochen und bei mittlerer Hitze 10 Minuten köcheln.

3 **DIE EINLAGEN ZUBEREITEN**

Den Backofen auf 200 °C vorheizen.
Die restliche Süßkartoffel in 12 dünne Scheiben schneiden. Honig, 2 EL Sonnenblumenöl und die restliche Sojasauce verrühren und die Süßkartoffelscheiben damit bestreichen. Auf einem Backblech verteilen und 10 Minuten im Ofen backen. Beiseite stellen.
Das restliche Sonnenblumenöl in einer Pfanne erhitzen. Knoblauch und Shiitake 10 Minuten darin braten, dabei regelmäßig umrühren. Die Eier in einem Topf mit kochendem Salzwasser 6 Minuten wachsweich garen. In einer Schüssel mit Eiswasser abschrecken, vorsichtig pellen und halbieren.

4 **IN SCHALEN ANRICHTEN**

Brühe, Süßkartoffelscheiben, Pilze und Eier auf die Schalen verteilen. Mit Koriander bestreuen.

5 **DIE STÄBCHEN SCHNAPPEN UND GENIESSEN**

Frühlingsgemüse

FÜR 4 PERSONEN
VORBEREITUNG 20 MIN
GARZEIT 20 MIN

300 g Reisbandnudeln
2 EL salzige Sojasauce
2 Knoblauchzehen, zerdrückt
400 ml Kokosmilch
1 EL grüne Currypaste
2 cm Ingwer, gerieben
900 ml Gemüsebrühe (Instant)
1 EL Misopaste
1 EL Mirin
2 kleine Zucchini, in ¼-Stäbchen geschnitten
1 EL Sonnenblumenöl
250 g Zuckerschoten
50 g junger Blattspinat
30 g Koriandersprossen
1 EL Sesamsaat (weiß und schwarz gemischt)
½ Bund Schnittlauch, in Röllchen
Saft von 1 Zitrone

1 DIE NUDELN GAREN

Reichlich Wasser in einem Topf erhitzen und die Nudeln darin nach Packungsangabe garen. Abgießen und auf 4 Schalen verteilen.

2 DIE BRÜHE KOCHEN

Sojasauce und Knoblauch in einen Topf geben und 1 Minute erhitzen. Kokosmilch, Currypaste, Ingwer und Brühe hinzugeben. Aufkochen, zudecken und bei mittlerer Hitze 10 Minuten kochen lassen.

3 DIE EINLAGEN ZUBEREITEN

Misopaste und Mirin in einer Schüssel verrühren.
Die Zucchini in einer Pfanne im Sonnenblumenöl anbraten. Die Misomischung zugeben und unter ständigem Rühren 10 Minuten braten.
Die Zuckerschoten in einem Topf mit kochendem Wasser 5 Minuten blanchieren. Abtropfen lassen und beiseite stellen.

4 IN SCHALEN ANRICHTEN

Spinat, Brühe, Zucchini, Zuckerschoten und Koriandersprossen auf die Schalen verteilen. Mit Sesam und Schnittlauch bestreuen und mit Zitronensaft beträufeln.

5 DIE STÄBCHEN SCHNAPPEN UND GENIESSEN

Blumenkohl und Kokosmilch

FÜR 4 PERSONEN

VORBEREITUNG 20 MIN

GARZEIT 30 MIN

300 g asiatische Eiernudeln für Ramen

2 EL salzige Sojasauce

3 Knoblauchzehen, zerdrückt

2 cm Ingwer, gerieben

400 ml Kokosmilch

900 ml Gemüsebrühe (Instant)

1 EL gemahlener Koriander

4 TL gemahlene Kurkuma

Saft von 1 Limette

4 EL Sonnenblumenöl

Salz

½ Blumenkohl, grob gehackt

100 g Shiitake

100 g Kichererbsen, abgespült und abgetropft

rote Chiliflocken

4 Stängel Koriander, gehackt

1 DIE NUDELN GAREN

Reichlich Wasser in einem Topf erhitzen und die Nudeln darin nach Packungsangabe garen. Abgießen und auf 4 Schalen verteilen.

2 DIE BRÜHE KOCHEN

Sojasauce, 2 Knoblauchzehen und Ingwer in einen Topf geben und 1 Minute erhitzen. Kokosmilch und Brühe zugießen, aufkochen, zudecken und bei mittlerer Hitze 10 Minuten kochen.

3 DIE EINLAGEN ZUBEREITEN

Den Backofen auf 180 °C vorheizen. Gemahlenen Koriander, 2 TL Kurkuma, den Saft einer halben Limette, 2 EL Sonnenblumenöl und etwas Salz in einer großen Schüssel verrühren. Den Blumenkohl darin wenden, auf einem Backblech verteilen und 15 Minuten im Backofen garen.
Das restliche Sonnenblumenöl in einer Pfanne erhitzen. Die restliche Knoblauchzehe und die Shiitake darin 10 Minuten braten, dabei regelmäßig umrühren.
Die Kichererbsen in einer Schüssel mit der restlichen Kurkuma und etwas Salz vermengen.

4 IN SCHALEN ANRICHTEN

Blumenkohl, Brühe, Shiitake und Kichererbsen auf die Schalen verteilen. Mit gehacktem Koriander und Chiliflocken garnieren und mit Limettensaft beträufeln.

5 DIE STÄBCHEN SCHNAPPEN UND GENIESSEN

Edamame
Fukujinzuke
Sriracha-Sauce

DAZU SCHMECKT

Fukujinzuke

1 Daikon in Lamellen • 1 Lotuswurzel in dünnen Scheiben • 1 Aubergine in Lamellen • 3 cm Ingwer in Lamellen • 1 Gurke in Lamellen • 2 TL Salz

Marinade

500 ml Sojasauce • 500 ml Mirin • 500 ml Wasser • 3 TL Reisessig • 3 TL Zucker • 2 EL Sesamsaat • 2 TL Salz

Das gesamte Gemüse in einer Schüssel mischen, mit dem Salz bestreuen und 20 Minuten Wasser ziehen lassen.

Alle Zutaten für die Marinade miteinander verrühren.

Das Gemüse abspülen, gründlich abtropfen lassen, 30 Sekunden in die Marinade tauchen, dann in ein großes Glas schichten.

Die Marinade in einem Topf erhitzen und bei schwacher Hitze 5 Minuten köcheln, dann über das Gemüse gießen. Über Nacht durchziehen lassen.

Salat aus Wakame

Bibliografische Information der Deutschen Nationalbibliothek
Die Deutsche Nationalbibliothek verzeichnet diese Publikation in der Deutschen Nationalbibliografie. Detaillierte bibliografische Daten sind im Internet über https://dnb.de abrufbar.

Für Fragen und Anregungen
info@m-vg.de

Wichtiger Hinweis
Ausschließlich zum Zweck der besseren Lesbarkeit wurde auf eine genderspezifische Schreibweise sowie eine Mehrfachbezeichnung verzichtet. Alle personenbezogenen Bezeichnungen sind somit geschlechtsneutral zu verstehen.

1. Auflage 2023

Türkenstraße 89
80799 München
Tel.: 089 651285-0
Fax: 089 652096

Übersetzung: Wiebke Krabbe
Redaktion: Anna Gülicher-Loll
Umschlaggestaltung: Karina Braun
Umschlagabbildung: Virginie Rol
Layout: Nicolas Gally
Illustrationen: Valentine Ferrandi
Satz: Lara Nelles (schere.style.papier), München
Druck: Florjancic Tisk d.o.o., Slowenien
Printed in the EU

ISBN Print 978-3-7423-2590-7
ISBN E-Book (PDF) 978-3-7453-2380-1
ISBN E-Book (EPUB, Mobi) 978-3-7453-2381-8